Gabriela Salfellner

Les meilleures recettes de la cuisine impériale

Du Tafelspitz au Kaiserschmarren

Vitalis

© Vitalis, 2010 • Traduit de l'allemand par Markus Lüffe • Photographie p. 74 : Tourismus Salzburg ; photographie p. 77 avec l'aimable autorisation de Kochen & Küche – www.kochenundkueche.com ; les autres photographies proviennent des archives des Éditions Vitalis • Imprimé en UE • ISBN 978-3-89919-143-1 • Tous droits réservés • www.vitalis-verlag.com

Sommaire

Avant-propos

Six cents ans d'histoire, un empire qui s'étendait du lac de Constance à la Méditerranée, du Triglav à la Sniejka. Sa Majesté régnait d'une main ferme sur Bosniaques et Croates, sur Valaques et Hanaci, sur Windiques et Suisses Romands, sur Kocevarji et Tchèques. Les sujets des Habsbourg affluaient de tous les coins de la vaste patrie à la ville princière – de jeunes gaillards de Trieste, de robustes filles de Meranc. Emportant peu de choses dans leurs bagages, ils détenaient cependant un bien précieux : la nostalgie des lieux de leur enfance, les souvenirs de leur pays. C'est ainsi que la façon de cuisiner à Szeged, Brno ou Czernowitz fit son entrée dans les marmites des maisons de maître et bientôt aussi dans les soupières des cuisines impériales, avec ses douceurs exquises et ses assaisonnements raffinés. Si je prépare ici quelques-uns des délices présents sur les tables de la haute société et de la cour, c'est non seulement à la mémoire des comtes et des comtesses, des princes ou des princesses, mais également à celle des bonnes de Sadowa et des briquetiers de Bohême, venus de Humpolec. Les ingrédients arrivaient à Vienne des quatre coins de l'empire pour permettre la préparation de délices comme la Martinigansl (l'oie de la Saint-Martin), le Gugelhupf (le kouglof), le Kaiserschmarren ou encore le Tafelspitz.

Les recettes exquises sélectionnées ici sont extraites de livres de cuisine aux pages jaunies et vous invitent à savourer dans l'ambiance de l'argenterie de la vieille Autriche, une cuisine redécouverte et mise au goût d'aujourd'hui. Il ne me reste plus qu'à vous souhaiter un bon appétit – ou comme on dit au bord du beau Danube bleu : *Wünschen wohl zu speisen* !

* Voir le lexique culinaire pages 78 et 79.

Soupe de bœuf aux lanières de crêpes
(3 heures, 6 portions)

<u>Soupe brune de bœuf :</u>
750 g d'os de bœuf
     (finement hachés)
25 g d'huile
40 g de foie de bœuf
40 g de rate de bœuf
60 g de carottes jaunes
60 g de racine de persil tubéreux
30 g de racine de céleri-rave
40 g d'oignons

25 g de sel
1,25 kg de viande de bœuf
     (arrière ou avant)

<u>Pâte pour les lanières de crêpes :</u>
250 ml de lait
120 g de farine
1 œuf
Sel
30 g d'huile

<u>Soupe de bœuf</u>

Hacher finement les os de bœuf, couper en petits dés le foie et la rate, couper en fines rondelles les carottes jaunes, les racines de persil et de céleri et faire revenir le tout dans de l'huile chaude. Attendre que les racines virent au jaune et ajouter les oignons émincés. Dès que les racines et les oignons ont pris une teinte bien dorée, enlever le surplus d'huile et verser le contenu de la poêle dans 2,5 l d'eau froide, puis porter à ébullition.

Ajouter la viande de bœuf dans le bouillon chaud et saler. Ensuite, porter la soupe brièvement à ébullition et finir la cuisson à feu doux (sans laisser bouillonner ni bouillir !). Lorsque la viande est tendre, dégraisser* la soupe et la passer à la passoire fine.

Lanières de crêpes

Bien mélanger le lait froid et la farine, ajouter en remuant l'œuf
et le sel. Dans une poêle à omelette, faire chauffer juste assez de
graisse pour bien couvrir tout le fond de la poêle. Ensuite, verser
un peu de pâte dans la poêle à l'aide d'une louche, bouger la poêle
de manière à ce que la pâte se répartisse en une fine couche sur
toute la surface, puis faire dorer les crêpes des deux côtés en se-
couant la poêle.

   Enrouler les crêpes, couper des lanières fines (env. 2 mm
d'épaisseur) et les ajouter dans la soupe de bœuf.

Soupe aux boulettes de foie
(3 heures, 8 portions)

Préparer d'abord une soupe brune de bœuf (voir p. 7), et y ajouter les boulettes de foie préparées suivant la recette suivante :

Boulettes de foie

250 g de foie de bœuf	Sel
50 g de rate de bœuf	Poivre
3 petits pains (ou tranches de pain rassis)	Marjolaine
	1 gousse d'ail écrasée
60 ml de lait	2 œufs
1 petit oignon	40-50 g de miettes de petits pains
Persil haché	
40 g de saindoux de porc	

Hacher très finement le foie, la rate pressée et les petits pains préalablement trempés dans du lait et pressés. Ensuite, faire suer l'oignon finement coupé et le persil dans de la graisse chaude et ajouter au mélange de foie et de petits pains. Bien mélanger le tout et assaisonner avec du sel, du poivre, de la marjolaine et de l'ail, y incorporer les œufs et épaissir cette masse à l'aide des miettes (jusqu'à obtenir une pâte qui conserve sa forme tout en restant juteuse). Laisser reposer la pâte au réfrigérateur quelque temps. Pour finir, former avec des mains mouillées de petites boulettes et les faire cuire pendant 10 minutes à feu doux dans de l'eau salée frémissante.

Soupe à la crème
(½ heure, 4-6 portions)

2,5 g de cumin   375 ml de crème légère
2,5 g de sel   60 g de farine

Porter à ébullition 2,5 l d'eau en y ajoutant du cumin et du sel. Bien mélanger la crème légère avec la farine et l'ajouter dans l'eau bouillante en remuant et laisser mijoter. Si la crème n'est pas assez acide, ajouter un peu de vinaigre à la soupe.

Garniture : croûtons ou tranches de pain grillées.

Soupe à l'oignon (au lait)
(¾ heure, 4-6 portions)

400 g d'oignons   Roux :
20 g de beurre   80 g de beurre
5 g de persil   100 g de farine
250 ml d'eau ou de bouillon 250 ml de lait
clair de bœuf   Sel
                             Poivre blanc
                             30 g de beurre

Éplucher les oignons, les couper en rondelles épaisses et les faire cuire dans de l'eau ou du bouillon avec le persil haché et le beurre, puis passer. Verser cette purée dans un roux, mouiller avec du lait et un peu d'eau, saler, puis poivrer très légèrement et laisser mijoter le tout. Juste avant de servir la soupe, ajouter un petit morceau de beurre.

Garniture : croûtons ou tranches de pain grillées, croûtons frits

Soupe à la habsbourgeoise
(2 ½ heures, 6 portions)

100 g de beurre	<u>Gnocchi de pommes de terre</u>
80 g de farine	<u>(en garniture)</u> :
2,5 l de bouillon de poulet	70 g de beurre
Sel	1 jaune d'œuf
30 g de beurre	1 oeuf
60 g de champignons de Paris	250 g de pommes de terre
125 ml (70 g) de petits pois	passées
1 jaune d'œuf	(poids cru = 350 g)
60 ml de crème liquide ou	60 g de farine
de lait	Muscade
Une demi-poule	Sel

Préparer un roux et le mouiller progressivement avec le bouillon de poulet, saler et laisser mijoter. Faire suer dans le beurre puis ajouter de fines lamelles de champignons de Paris. Faire cuire les petits pois dans de l'eau salée, les passer, les mélanger avec le jaune d'œuf et la crème liquide ou le lait et les incorporer, avec la viande de poulet découpée en petits morceaux, à la soupe sans la refaire bouillir peu avant de la servir.

Ajouter des gnocchi de pommes de terre préparés selon la recette suivante :

<u>Gnocchi de pommes de terre</u>
Battre le beurre en crème et le mélanger avec le jaune d'œuf et l'œuf, ainsi qu'avec les pommes de terre préalablement cuites, épluchées et passées, la farine, la muscade et le sel. Former ensuite les gnocchi à l'aide d'une cuillère à soupe et les faire bouillir pendant 10 minutes dans de l'eau salée.

Soupe au ragoût de poisson *(Salonbeuschel)*
(1½ heures, 6 portions)

300 g d'abats et d'oeufs de carpe (femelle) sans vessie, vésicule biliaire et intestins
3 têtes de carpes
Sel
Vinaigre
6 grains de poivre
2 grains de piment
100 g de beurre
½ oignon

80 g de persil tubéreux
40 g de racine de céleri-rave
80 g de carottes jaunes
1 cuillère à soupe bombée de farine
1 feuille de laurier
Thym
2 cuillères à soupe de vin rouge (ou jus de citron)
½ cuillère à soupe de semoule
125 ml de crème légère

Faire cuire les têtes de poisson dans 3 l d'eau avec un peu de vinaigre, du poivre et les grains de piment. Laisser mijoter pendant 30 minutes, passer le tout à la passoire fine et mettre le bouillon de poisson de côté dans une casserole. Détacher la chair de poisson des têtes et réserver.

Faire fondre du beurre dans une casserole et y faire blondir les oignons finement hachés, puis ajouter les racines finement râpées. Après avoir obtenu une teinte jaune, saupoudrer de farine le contenu de la casserole, ajouter le bouillon de poisson, les épices et le vin rouge, puis laisser mijoter la soupe pendant 10 à 15 minutes. Pour finir, ajouter les abats es les œufs de poisson, la chair et la semoule et porter à ébullition une dernière fois. Retirer du feu et ajouter la crème juste avant de servir.

S'il n'y a pas assez d'abats et d'œufs de poisson ou seulement de la laitance, on peut les remplacer par de la semoule grillée ou encore préparer une « fausse soupe aux œufs de poisson » sans bouillon de poisson mais avec un bouillon de légumes-racines et de la semoule grillée.

Soupe aux œufs de poisson

Sandre vapeur « Jour de fête »

(1½ heures, 6 portions)

2 kg de sandre
Sel
20 g de beurre
125 ml de vin blanc
80 g de parmesan

Risotto :
140 g de moelle de bœuf ou
120 g de beurre
20 g d'oignons
400 g de riz
Sel
De l'eau ou du bouillon de
    bœuf
40 g de beurre
80 g de champignons de Paris
80 g de parmesan

Farce de poisson :
30 g d'oignons
5 g de persil
30 g de beurre
100 g de champignons de Paris
250 g de sandre
Sel

Sauce :
125 ml de bouillon de bœuf
125 ml de bouillon de poisson
3 jaunes d'œuf
1 œuf
Sel
30 g de beurre
5 g de farine
Jus de citron

Risotto

Faire dorer des oignons finement hachés dans de la moelle de bœuf chaude passée au tamis ou du beurre chaud. Ajouter ensuite du riz non lavé mais seulement frotté à sec dans un linge et remuer jusqu'à ce qu'il devienne translucide. Ajouter du sel, un peu d'eau ou du bouillon de bœuf et faire cuire le riz « al dente » tout en remuant et en rajoutant souvent de l'eau ou du bouillon de bœuf.

Couper de fines lamelles de champignons de Paris, les faire suer dans du beurre et les mélanger avec du parmesan râpé et le riz préalablement préparé. Avant de servir le risotto dans un plat rond, le saupoudrer de parmesan.

Le risotto doit pouvoir être disposé en forme de pyramide, mais conserver une certaine souplesse.

Farce de poisson

Faire dorer les oignons et le persil dans du beurre, y ajouter et faire suer les champignons finement hachés, mélanger avec la chair de poisson hachée et saler.

Sauce

Mélanger la soupe de bœuf, le bouillon de poisson, le jaune d'œuf, l'œuf, le beurre fondu et une cuillère à café de farine et battre le tout au bain-marie afin d'épaissir le mélange, puis ajouter du jus de citron.

Préparation du poisson

Écailler, vider et laver le sandre, le couper en tranches, le saler et le placer dans une cocotte beurrée. Étaler ensuite la farce sur les tranches, arroser de vin blanc, couvrir et faire cuire pendant 5 minutes au four. Retirer le liquide de la cocotte, placer les tranches de poisson dans le plat sur le risotto, les napper de sauce, saupoudrer de parmesan et mettre le plat pendant 5 minutes au four préchauffé à 200 °C. Servir aussitôt.

Carpe aux filets d'anchois

(2 heures, 4-6 portions)

1 carpe (env. 2 kg)	125 ml de vin blanc
50 ml de jus de citron	4 pommes de terre
1 oignon	8 filets d'anchois
1 grosse carotte	2 cuillères à soupe de
¼ de racine de céleri	chapelure
60 g de beurre	50 g de beurre

Vider, écailler, laver soigneusement la carpe et la sécher en la tamponnant avec un linge. Arroser de jus de citron et laisser reposer pendant une demi-heure.

Éplucher les oignons, la carotte et le céleri et les couper en petits dés. Faire suer dans du beurre et ajouter le vin blanc. Faire cuire les pommes de terre à l'eau, les éplucher et en remplir le ventre de la carpe. Dresser le poisson sur les légumes, le garnir avec les filets d'anchois et saupoudrer les miettes de petits pains. Parsemer ensuite la carpe de noisettes de beurre, couvrir et enfourner pendant 20 à 40 minutes à 180 °C en l'arrosant de temps en temps de son jus.

Servir la carpe avec les légumes et les pommes de terre.

Accompagnement : pommes de terre à l'eau

Carpe aux filets d'anchois

Carpe de Noël
(2 heures, 4-6 portions)

1 carpe (portionnée)
Sel
Poivre
1 oignon
Mirepoix
330 ml de bière brune sucrée
2-3 cuillères à soupe de vinaigre
125 ml de vin rouge
1 sachet d'épices (6 grains de poivre, 6 grains de piment, 1 feuille de laurier, un peu de gingembre et de thym, zeste de citron)

1 cuillère à soupe de raisins secs
60 g d'amandes émondées et effilées
30 g de pruneaux ou figues coupés en lanières
30 g de noisettes coupées en deux
50 g de pain d'épices râpé
2-3 filets d'anchois finement hachés
1 cuillère à café de câpres égouttées et hachées
125 ml de crème liquide
Jus de citron

Couper l'oignon et la mirepoix en fines lanières, faire cuire avec la bière et assaisonner avec du vinaigre et du vin rouge. Puis ajouter le sachet d'épices, les raisins secs, les amandes, les pruneaux et les noisettes, laisser bien mijoter le tout et retirer le sachet d'épices. Passer à la passoire fine une partie du jus de cuisson et y faire cuire les morceaux de carpe préalablement salés et poivrés pendant 15 minutes environ. Dès que les morceaux de poisson sont tendres, les retirer délicatement et garder au chaud.

Épaissir le jus de cuisson avec le pain d'épices râpé, y ajouter le jus non passé restant (y compris la mirepoix, les fruits secs etc.), ajouter également les filets d'anchois finement hachés, les câpres et la crème liquide et relever la sauce avec le jus de citron. Verser une partie de cette sauce sur le poisson dressé, servir le reste dans une saucière.

Accompagnement : boulettes de pain (Semmelknödel) (voir la recette à la page suivante)

Boulettes de pain

500 g de petits pains coupés en dés   1 gros oignon
330 ml de lait   1 cuillère à soupe d'huile
1 œuf   1 bouquet de persil
1 cuillère à café de sel   3 cuillères à soupe de farine

Couper les petits pains en dés et les placer dans une grande terrine. Puis mélanger le lait avec l'œuf et le sel, verser sur les dés et écraser le tout. Laisser le liquide imbiber le pain.

Couper finement l'oignon et le faire dorer avec l'huile dans une poêle. Hacher finement le persil, l'ajouter avec l'oignon et la farine aux dés de petits pains et mélanger bien le tout. Avec la pâte former des boulettes rondes, les rouler dans la farine et les faire cuire à feu doux entre 10 et 15 minutes (en fonction de la taille des boulettes). Retourner les boulettes (*Knödel*) à mi-cuisson. Il est conseillé de commencer par ne faire cuire qu'une seule boulette. Si celle-ci s'effrite à la cuisson, il faut ajouter de la farine à la pâte.

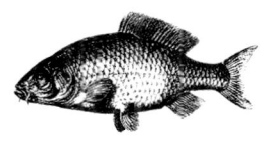

Truite à la Mozart
(1 heure, 4 portions)

4 truites	Sauce à l'aneth :
Sel	40 g de beurre
Jus de citron	50 g d'oignons
200 g de riz cuit à la vapeur	40 g de farine
60 g de beurre pour la poêle	500 ml de bouillon de bœuf
150 g de queues d'écrevisses	2 cuillères à soupe d'aneth
cuites et décortiquées	haché
20 g de beurre pour les	125 ml de crème légère
écrevisses	un peu de sucre
60 ml de crème liquide	Jus de citron ou vinaigre

Ouvrir les truites le long du dos, sectionner l'arête centrale au niveau de la tête et de la queue, retirer toutes les arêtes et vider les truites. Laver soigneusement les poissons, les saler et enduire l'intérieur d'un peu de jus de citron. Farcir les poissons avec du riz préalablement cuit.

    Faire fondre le beurre dans une poêle. Disposer les poissons dans un plat et enfourner pendant 10 à 15 minutes à 180°C en les arrosant à plusieurs reprises avec le beurre fondu. Dresser les poissons sur un plat préchauffé et les napper du beurre de la cuisson.

    Faire suer les queues d'écrevisses dans du beurre, ajouter la sauce à l'aneth, puis de la crème liquide et verser le tout sur les truites prêtes à servir.

    Accompagnement : sauce à l'aneth (recette voir page suivante), pommes de terre à l'eau

Sauce à l'aneth

Battre le beurre en mousse dans la poêle, y faire suer les oignons émincés, saupoudrer de farine, ajouter le bouillon de bœuf et faire mijoter le tout. Ensuite, ajouter l aneth, incorporer la crème légère et relever la sauce avec du sucre et du jus de citron ou du vinaigre.

Oie de la Saint-Martin
(4-5 heures, 6-8 portions)

1 oie prête à cuire (env. 4 kg)	Cumin
Poivre	1 kg de pommes acides
Sel	1 branche de thym

Bien laver l'oie sous l'eau courante, bien la sécher, la frotter de sel et de poivre, puis la saupoudrer de cumin. Éplucher les pommes, retirer les pépins et les mettre avec la branche de thym dans la cavité ventrale de l'oie (à la place des pommes, on peut aussi utiliser des pommes de terre crues épluchées, des marrons épluchés et cuits ou de la mie de petits pains détrempée dans l'eau).

Fermer les ouvertures au niveau de la poitrine et du cou à l'aide d'aiguilles à brider ou de simples cure-dents, placer l'oie sur sa face ventrale dans une cocotte, ajouter environ 250 ml d'eau chaude et faire cuire à couvert au four préchauffé à 210 °C pendant plusieurs heures. Retourner l'oie pendant la cuisson et arroser avec le jus de cuisson à plusieurs reprises. Retirer au fur et à mesure la graisse d'oie de la cocotte à l'aide d'une louche et la conserver dans un récipient prévu à cet effet. Ce n'est que pendant la dernière demi-heure, lorsque l'oie est tendre qu'on retirera le couvercle et qu'on fera dorer l'oie jusqu'à ce que la peau soit dorée et croustillante.

Servir l'oie rôtie dans son jus de cuisson après avoir retiré les aiguilles. Les pommes, pommes de terre ou marrons de la farce peuvent être servis en même temps que l'oie.

Accompagnement : pommes de terre sautées (voir p. 44), chou rouge (voir p. 24), purée ou compote de pommes

Oie de la Saint-Martin

Rôti de canard au chou rouge
(3-4 heures, 4 portions)

1 canard sauvage (env. 2,5 kg)
Sel
Cumin

Chou rouge
2 bocaux de chou rouge aigre-doux (1 kg)
4 clous de girofle

4 grains de piment
1 oignon moyen
Saindoux
Farine
Sel
Sucre
Vinaigre

Laver et essuyer le canard, le frotter de sel extérieurement et intérieurement et le placer dans une cocotte. Ajouter de l'eau et saupoudrer une face de cumin. Après avoir fait cuire cette face à environ 180 °C, retourner le canard, saupoudrer de cumin l'autre face et faire rôtir. Afin que le canard ne dessèche pas, le faire cuire à couvert. Arroser de temps en temps avec le jus de cuisson. En fin de cuisson, ôter le couvercle et faire dorer jusqu'à ce que le canard soit croustillant.

Chou rouge
Verser la moitié de la marinade dans un récipient et la garder. Mettre le chou dans une casserole et ajouter les clous de girofle et les grains de piment et attendrir à feu doux en surveillant. Si le liquide s'est évaporé avant que le chou ne soit tendre, ajouter un peu de la marinade restante et laisser mijoter.

Dans une casserole, faire suer l'oignon finement haché dans un morceau de saindoux ou dans la graisse du canard, saupoudrer de farine, ajouter un peu d'eau ou de la marinade et l'incorporer au chou rouge. Rectifier l'assaisonnement (sel, sucre et vinaigre).

Accompagnement : boulettes de pain (voir p. 19)

Rôti de canard au chou rouge

Poulet farci au pain
(2 heures, 4 portions)

1 poulet	1 petit oignon
	1 foie de poulet
Farce aux petits pains :	40 g de champignons de Paris
25 g de beurre	10 g de miettes de petits pains
1 oeuf	Sel
Lait	Poivre
1 petit pain	Marjolaine
30 g de beurre pour le poulet	Eau ou bouillon de bœuf

Battre en crème le beurre et l'œuf, ajouter le petit pain détrempé dans du lait puis pressé. Dans une poêle, faire chauffer du beurre et faire revenir l'oignon, le foie de poulet et les champignons coupés en fines lamelles et salés. Mélanger ensuite le contenu de la poêle avec la mousse de beurre, épaissir avec les miettes et assaisonner à votre goût avec du sel, du poivre et de la marjolaine.

Laver soigneusement le poulet, le vider et détacher délicatement la peau au niveau de la poitrine sans l'enlever. Dans la cavité ainsi obtenue, introduire la farce à base de pain.

Placer le poulet farci dans une cocotte et faire cuire dans de la graisse pendant une heure en ajoutant à plusieurs reprises de l'eau ou du bouillon de bœuf.

Dégraisser le jus de cuisson, verser le beurre sur le poulet et porter à ébullition le jus de cuisson avec de l'eau ou du bouillon de bœuf.

Accompagnement : riz aux petits pois

Poulet farci au pain

Côtelettes de porc aux champignons et fines herbes

(1 heure, 5 portions)

10 côtelettes de porc	<u>Champignons aux fines herbes :</u>
Sel	4 cuillères à soupe d'huile
Cumin moulu	30 g d'oignons
30 g de farine	5 g de persil
8 cuillères à soupe d'huile	80 g de champignons de Paris
	30 g de farine
	Eau ou bouillon de bœuf
	Sel
	250 ml de crème légère

Entailler le bord des côtelettes à plusieurs endroits, l'attendrir à l'aide d'un marteau à viande, saler, saupoudrer de cumin, tremper une face dans la farine et les saisir rapidement dans l'huile chaude.

Ensuite, faire revenir dans l'huile les oignons hachés, le persil et les champignons, saupoudrer le tout de farine, le faire dorer légèrement, ajouter du bouillon ou de l'eau et assaisonner avec du sel. Ajouter enfin les côtelettes, verser la crème liquide, couvrir et laisser cuire à feu doux pendant ½ heure à ¾ d'heure.

Accompagnement : pommes de terre à l'eau ou sautées (voir p. 44)

Côtelettes de porc aux champignons et fines herbes

Goulasch de Szeged
(2 heures, 6 portions)

1,5 kg de viande de porc	Sel
(épaule ou poitrine)	Cumin
125 g d'oignons	750 g de choucroute
5 cuillères à soupe d'huile	Paprika doux
1 pointe de piment de Cayenne	125 ml de crème légère
Vinaigre	100 g de pomme de terre

Faire dorer des oignons émincés dans l'huile, ajouter une pointe de piment de Cayenne, un peu de vinaigre, la viande de porc coupée en gros dés, le sel et le cumin, puis faire cuire à couvert en ajoutant un peu d'eau. Lorsque la viande est mi-tendre, ajouter la choucroute et laisser attendrir complètement. Ajouter enfin du paprika doux, la crème et les pommes de terres crues épluchées et râpées et laisser bien mijoter le tout.

Goulasch de Szeged

Poivrons farcis

(3 heures, 5-8 portions)

10 poivrons verts

Farce :
3 cuillères à soupe d'huile
10 g d'oignons
5 g de persil
400 g de viande de porc hachée
Sel
Poivre
Marjolaine
80 g de riz

Sauce de tomates fraîches :
750 g de tomates fraîches
1 cuillère à soupe d'huile
5 g d'oignons
5 g de persil
40 g de beurre
30 g de farine
Eau ou bouillon de bœuf
100 ml de vin rouge
env. 20 g de sucre
Sel
1 feuille de laurier
3 grains de piment
5 grains de poivre
Jus de citron

Découper les « chapeaux » des poivrons et les vider complètement. Ensuite, blanchir les poivrons, laisser reposer pendant 10 minutes et les mettre dans de l'eau froide pendant une demi-heure.

Entre-temps, hacher finement les oignons et le persil et les faire revenir dans l'huile, ajouter la viande hachée, le sel, le poivre, la marjolaine et le riz cuit à la vapeur. Bien mélanger le tout et farcir les poivrons avec. Placer les poivrons farcis dans une casserole, les couvrir avec la sauce de tomates (recette voir page suivante) et faire cuire à couvert pendant 45 minutes.

Sauce de tomates fraîches

Laver, couper en deux les tomates et les faire cuire avec un peu d'eau sur un lit d'oignons hachés et de persil que l'on a fait revenir au préalable. Passer le tout. Faire un roux, y incorporer la masse et mouiller avec une tasse d'eau ou de bouillon de bœuf, puis ajouter le vin rouge et le sucre et assaisonner avec du sel, du laurier, du piment et du poivre. Laisser mijoter la sauce. À la fin, retirer toutes les épices et relever la sauce avec du jus de citron.

Escalope viennoise *(Wiener Schnitzel)*
(1 à 1½ heures, 5 portions)

5 escalopes de veau
Sel
60 g de farine fluide
80 g de miettes de petits pains
    rassis

2 œufs battus avec un peu de
    lait
200 g de saindoux
Tranches de citron

Entailler le bord des escalopes à plusieurs endroits, les attendrir à l'aide d'un marteau à viande, les saler et les paner dans la farine, les œufs et des miettes, faire cuire dans la graisse chaude et égoutter sur de l'essuie-tout. Dresser les escalopes sur une assiette avec des tranches de citron.

Accompagnement : pommes de terre persillées, salades diverses, cornichons au sel, mélange de compote, purée de pommes etc.

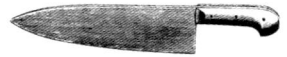

Escalope viennoise

Émincé de veau

(1 heure, 4 portions)

600 g de filet de veau	150 g de champignons de Paris
40 g de beurre	20 g de farine
2 cuillères à soupe d'huile	125 ml de crème légère
Sel	125 ml de crème liquide
	Poivre
Sauce :	Jus de citron
80 g d'oignons	Persil haché

Émincer la viande de veau, faire chauffer la poêle, ajouter un peu de beurre et de l'huile et saisir rapidement une partie de la viande. Saler et mettre dans une casserole. Procéder de la même façon pour saisir le reste de la viande.

Faire dorer les oignons finement hachés dans l'huile restante, ajouter les champignons émincés, faire revenir, saupoudrer le tout de farine et verser la crème légère et la crème liquide, puis ajouter de l'eau et faire cuire afin d'obtenir une sauce bien onctueuse. Assaisonner, relever la sauce avec du jus de citron et la verser sur la viande. Pour terminer, porter le tout presque à ébullition et faire mijoter encore 10 minutes (ne pas faire bouillir !).

Au moment de dresser le plat, saupoudrer de persil haché.

Accompagnement : riz, pommes de terre ou gnocchi (voir p. 41)

Risotto de veau à la viennoise
(1½ heures, 6 portions)

1,5 kg d'épaule de veau	Sel
60 g d'huile	400 g de riz
40 g de lard	Eau ou bouillon de bœuf
250 g d'oignons	50 g de parmesan
1 pointe de piment de Cayenne	

Faire revenir des petits dés de lard dans l'huile chaude, ajouter et faire dorer les oignons finement hachés. Ajouter ensuite le piment, la viande de veau coupée en gros dés et le sel et laisser attendrir la viande à couvert dans son propre jus. Attendre la mi-cuisson pour ajouter le riz, puis le recouvrir de deux doigts d'eau ou de bouillon de bœuf. Finir la cuisson à feu doux.

Avant de dresser le risotto, y incorporer la moitié du parmesan, saupoudrer le risotto de l'autre moitié.

Mou de veau
(3 heures, 6 portions)

½ poumon de veau
1 cœur de veau
(ensemble environ 800 g)
Mirepoix
1 oignon
1 branche de thym
1 feuille de laurier
1 clou de girofle
6 grains de poivre
Sel
60 g de farine
1 pincée de sucre
6 cuillères à soupe d'huile
Vinaigre de vin
Soupe au mou de veau

1 cuillère à soupe de moutarde
Jus de citron
1 pincée de marjolaine
Vinaigre
Crème liquide ou crème légère

Sauce :
2 cornichons
20 g de câpres
1 filet d'anchois
1 petit oignon
Persil haché
1 gousse d'ail
Zeste de citron

Bien laver et rincer le poumon et le cœur de veau et les placer dans une casserole remplie de 500 ml d'eau. Ajouter la mirepoix, l'oignon coupé en deux et doré, le thym, la feuille de laurier, le clou de girofle, les grains de poivre écrasés ainsi que le sel et faire cuire à couvert et à feu doux pendant environ 1 heure et demie. Vérifier si le poumon est bien cuit en entaillant la partie épaisse avec un couteau (il peut rester un peu rose à l'intérieur). Retirer le poumon et le laisser refroidir dans de l'eau froide légèrement salée. Continuer à faire cuire doucement le cœur dans la soupe jusqu'à ce qu'il soit suffisamment tendre.

Pendant ce temps, préparer la sauce : hacher finement les cornichons, les câpres, les filets d'anchois, l'oignon, le persil et l'ail ainsi qu'un peu de zeste de citron. Faire dorer tout en remuant la farine et la pincée de sucre dans un peu de graisse, ajouter le mélange haché, le faire revenir brièvement, relever le tout avec un peu de vinaigre de vin et mouiller sans attendre avec l'eau de cuisson filtrée du mou de veau. Faire mijoter la sauce pendant une demi-heure. En attendant, couper le cœur et le poumon en lanières fines et courtes, retirer éventuellement les cartilages et incorporer le mou dans la sauce. Faire bouillir, assaisonner avec de la moutarde, du jus de citron, du sel, de la marjolaine et du vinaigre et laisser mijoter à feu doux pendant un quart d'heure. Affiner la sauce avec un peu de crème liquide ou de crème légère.

Accompagnement : Boulettes de pain (voir p. 19)

Mou de veau

Goulasch de bœuf
(2,5 heures, 6 portions)

1.5 kg de viande de bœuf	Marjolaine
150 g de saindoux	Sel
800 g d'oignons	Eau ou bouillon de bœuf
1 cuillère à café de piment	10 g de farine
1 cuillère à soupe de vinaigre	1 gousse d'ail
Cumin moulu	1 pincée de poivre

Faire blondir les oignons émincés (anneaux d'oignon) dans de la graisse chaude, ajouter le piment, le vinaigre, la viande coupée en gros dés ainsi qu'un peu de cumin, de la marjolaine, du sel et de l'eau. Attendrir la viande à couvert en rajoutant de l'eau ou du bouillon de bœuf à plusieurs reprises. Lorsque le jus devient translucide, saupoudrer de farine, la faire revenir et ajouter de l'eau ou du bouillon, assaisonner avec de l'ail et du poivre et faire mijoter la soupe.

Accompagnement : pommes de terre, gnocchi (voir page suivante) ou boulettes de pain (voir p. 19)

Variante de goulasch juteux
Le goulasch juteux se prépare de la même manière que le goulasch de bœuf mais sans farine et en ajoutant au moins 1 kg d'oignons.

<u>Gnocchi</u>
(½ heure, 6 portions)

80 g de beurre	375 ml de lait
2 œufs	Sel
400 g de farine	60 g de beurre

Battre le beurre en crème, mélanger avec les œufs, la farine, le lait et le sel jusqu'à ce que cette pâte relativement molle se détache de la cuillère. Former avec une cuillère à café des petits gnocchi et les déposer dans de l'eau frémissante salée et faire cuire pendant 10 minutes. Égoutter les gnocchi, les passer sous l'eau froide et les placer dans le beurre chaud.

Faux-filet à la Esterhazy
(1,5 heures, 6 portions)

2 kg de faux-filet (env. 5 pièces)   Sauce :
Sel   1 gros oignon
Poivre   20 g de farine
Moutarde pour enduire   Sel
50 g de farine fluide   250 ml de crème légère
10 cuillères à soupe d'huile   50 g d'oignons
                                       50 g de racine de céleri
                                       150-200 g de carottes jaunes
                                       30 g de beurre

Entailler le bord des faux-filets à plusieurs endroits, les attendrir à l'aide d'un marteau à viande, saler, poivrer, enduire de moutarde, tremper une face dans de la farine et faire cuire les deux faces dans de l'huile chaude. Séparer le jus de cuisson de la graisse, verser la dernière dans une casserole et utiliser le jus plus tard pour mouiller la sauce. Émincer l'oignon et faire revenir dans la casserole avec la graisse des faux-filets, saupoudrer de farine et mouiller avec le jus de cuisson et de l'eau. Saler légèrement cette sauce et la laisser bien mijoter. Ajouter à présent les faux-filets et faire attendrir à couvert pendant une heure environ en les retournant plusieurs fois.

Dès que la viande est tendre, la retirer de la poêle, dresser dans un plat et garder au chaud. Incorporer la crème légère à la sauce. Verser la sauce sur les faux-filets et garnir avec la mirepoix coupée en lanières que l'on aura préalablement fait cuire à couvert dans du beurre.

Accompagnement : pommes de terre à l'eau ou sautées, nouilles, gnocchi (voir p. 41)

Tafelspitz
(4 heures, 8 portions)

2 kg d'aiguillette de bœuf
   (recouverte de graisse claire)
env. 750 g d'os de bœuf
2 feuilles de laurier
10 grains de poivre
2 baies de genévrier

1 oignon
3 carottes
3 carottes jaunes
1 petit céleri
Sel
Ciboulette

Laver les os de bœuf, les placer dans une casserole contenant environ 5 litres d'eau et faire bouillir. Enlever les tendons de l'aiguillette, la placer avec sa graisse dans une casserole, ajouter les feuilles de laurier, les grains de poivre et les baies de genévrier et laisser mijoter à feu doux pendant 2 heures et demie. Enlever la mousse de temps en temps à l'aide d'une écumoire.

Entre-temps, faire bien dorer l'oignon non épluché et coupé en deux dans une poêle sans ajouter de graisse. Couper en gros dés les légumes et les ajouter ainsi que l'oignon à la viande. Après avoir laissé mijoter pendant une autre demi-heure, la viande doit être tendre et peut être retirée de la casserole. Filtrer le bouillon et y laisser reposer la viande pendant quelques minutes (ne pas encore saler, pour éviter que la viande ne rougisse et sèche !).

Couper l'aiguillette en tranches, dresser sur des assiettes préchauffées, arroser avec un peu de bouillon et saupoudrer de sel et de ciboulette.

Accompagnement : pommes de terre sautées, raifort aux pommes et sauce à la ciboulette (toutes les recettes se trouvent à la page suivante)

Pommes de terre sautées

600-700 g de pommes de terre
Beurre clarifié

Sel
Muscade

Faire cuire à l'eau les pommes de terre, les éplucher et les couper en fines tranches. Faire dorer pendant 10 minutes dans du beurre clarifié en remuant et assaisonner avec du sel et de la muscade. Sécher avec un linge la surface grasse avant de servir les pommes de terre sautées avec l'aiguillette.

Raifort aux pommes

3-4 pommes acides
2 cl de jus de citron
1 cuillère à soupe de sucre glace
Sel

Quelques gouttes de bouillon de
   bœuf
Env. 30 g de raifort

Éplucher les pommes, les couper en quatre, retirer les pépins, les râper à la râpe fine et asperger immédiatement avec du jus de citron. Ajouter ensuite le sucre glace, un peu de sel, un peu de bouillon de bœuf et le raifort fraîchement râpé.

Sauce à la ciboulette

1 bouquet de ciboulette
1 petit pain
Lait pour détremper
3 œufs durs
100 ml d'huile

Un peu de vinaigre
250 ml de crème légère
une pincée de sucre, de sel et
   de poivre

Enlever la croûte du petit pain, le détremper dans du lait. Éplucher les œufs et les couper grossièrement. Mélanger et mixer le petit pain, les œufs et les autres ingrédients. À la fin seulement, incorporer la ciboulette finement hachée et servir dans une saucière avec l'aiguillette.

Aiguillette de bœuf avec pommes de terre sautées, sauce à la ciboulette et raifort aux pommes

Rumsteck Prince d'Auersperg

(¾ heures, 6 portions)

2 kg de rumsteck	125 g de moelle de bœuf
Sel	100 g de champignons de Paris
Poivre	50 g de parmesan
30 g de farine	30 g de chapelure
8 cuillères à soupe d'huile	30 g de beurre
30 g de beurre pour la poêle	10 g de cube de bouillon
20 g de foie gras d'oie	

Tapoter légèrement les rumstecks à l'aide d'un marteau à viande, entailler les bords à plusieurs endroits, saler, poivrer, tremper dans la farine une face et ne faire revenir que celle-ci dans de la graisse. Les placer ensuite sur l'autre face dans une poêle bien beurrée et les couvrir de tranches de foie gras d'oie, de moelle de bœuf blanchie coupée ainsi que de champignons crus coupé en fines lamelles. Saupoudrer enfin les rumstecks de parmesan et de chapelure, ajouter un petit morceau de beurre, asperger avec un cube de bouillon dilué dans un peu d'eau et servir après les avoir mis au four préchauffé à 150 °C pendant 10 minutes.

Accompagnement : petits pois, différentes sortes de pommes de terre

Filet de bœuf à la Metternich

(1,5 heures, 6 portions)

1,5 kg de filet	Risotto (voir p. 14)
Sel	Une truffe
Poivre	100 g de champignons de Paris
10 cuillères à soupe d'huile	30 g de beurre pour les cham-
30 g de beurre	pignons
Eau ou bouillon de bœuf	

Enlever la peau du filet et le découper en tranches de 2 cm d'épaisseur, égaliser les bords, les tapoter avec le dos du couteau, saler, poivrer (ficeler éventuellement pour que les filets conservent leur forme) et faire cuire dans l'huile chaude des deux côtés pendant 3 à 4 minutes (cuisson saignante). Dégraisser le jus de cuisson et le faire bouillir avec du beurre et du bouillon de bœuf.

Couper une truffe en lamelles fines, l'incorporer dans le risotto, former des lits de risotto et y placer un filet par lit, garnir les filets de petites têtes de champignons cuits au beurre et recouvrir le tout de la sauce de la cuisson.

Accompagnement : salade verte

Côtes d'agneau au vin blanc
(1,5 heures, 4 portions)

500 g de côtes d'agneau	1 oignon
1 gousse d'ail	200 g de mirepoix
Sel	120 g de jambon cuit
5 cuillères à soupe d'huile	250 ml de vin blanc

Diviser les côtes d'agneau en quatre morceaux, enlever la graisse et les morceaux de peau. Attendrir la viande à l'aide d'un marteau à viande, la frotter avec la gousse d'ail et saler. Faire chauffer l'huile dans une casserole et faire suer l'oignon haché et les légumes. Après environ 3 minutes, ajouter la viande.

Couper en dés le jambon cuit et verser sur les côtes d'agneau, ajouter le vin blanc et laisser mijoter pendant 40 minutes environ.

Retirer la viande de la poêle et la dresser dans un plat préchauffé. Passer la sauce et la verser sur la viande.

Accompagnement : pommes de terre sautées (voir p. 44), haricots verts

Côtes d'agneau au vin blanc

Échine de chevreuil à la bohémienne
(3 heures, 8 portions)

1 échine de chevreuil
150 g de lard fumé
Sel
Poivre
Baies de genévrier
120 g de graisse de porc

1 oignon
Lanières de citron
un peu de vinaigre
125 ml de crème légère
20 g de farine

Enlever les membranes d'échine, couper le lard fumé en lanières fines et larder l'échine. Ensuite, frotter la viande avec du sel, du poivre et des baies de genévrier écrasées.

Faire chauffer la graisse de porc dans une cocotte et placer l'échine la face lardée vers le bas. Couper les oignons en anneaux, les placer avec les lanières de citron sur la viande, verser la graisse chaude sur la viande et ajouter quelques gouttes de vinaigre.

Préchauffer le four à 200 °C et faire cuire l'échine pendant 2 à 2 heures et demie (dépendamment de la taille) jusqu'à ce qu'elle soit tendre. Arroser à plusieurs reprises de crème légère diluée dans de l'eau.

À la mi-cuisson, retourner la viande et faire cuire l'autre face jusqu'à ce qu'elle soit bien dorée et croustillante. Dès que le rôti est cuit, le sortir du four, le découper avec un couteau tranchant et tenir au chaud. Laisser le jus de cuisson s'épaissir un peu, le saupoudrer de farine, faire mijoter, le passer et servir la sauce séparément.

Échine de chevreu.l à la bohémienne

Fleckerln au chou à la « Tante Jolesch »

(2 heures, 6 portions)

Pâte :
400 g de farine
2 œufs
Sel
100-125 ml d'eau
(ou 500 g de pâtes fraîches
prêtes à cuire)
1 chou (750 g)

100-200 g de sucre cristallisé
100 g de saindoux
1 gros oignon
1 demi-cuillère à soupe de cumin moulu
Vinaigre
Poivre fraîchement moulu

Rouler finement (mais pas trop !) la pâte préparée avec les ingrédients ci-dessus, laisser sécher, couper en carrés de 1 cm de côté (les « Fleckerln »), faire cuire dans de l'eau salée, passer, puis passer sous l'eau froide et égoutter complètement.

Enlever le trognon et couper le chou en fines lanières. Caraméliser le sucre dans le saindoux, y faire blondir l'oignon finement haché, ajouter le chou, saupoudrer de cumin, saler et laisser attendrir en remuant plusieurs fois. Mélanger maintenant les Fleckerln avec le chou, faire revenir légèrement et relever le tout avec du vinaigre. Avant de servir, saupoudrer les Fleckerln de poivre fraîchement moulu.

Fleckerln au jambon

Préparer les Fleckerln selon la méthode indiquée. Passer sous l'eau froide, les placer dans 60 g de beurre chaud et ajouter 250 g de viande fumée cuite et hachée.

Fleckerln au chou à la « Tante Jolesch »

Œufs brouillés à la Princesse
(1 heure, 4 portions)

Pâte brisée :   Œufs brouillés :
80 g de beurre froid   5 œufs
120 g de farine   Sel
1 œuf   50 g de parmesan
Sel   20 g de truffes
                           40 g de beurre

Frotter entre les mains le beurre et la farine jusqu'à ce que le mélange prenne un aspect de chapelure et mélanger avec l'œuf et le sel afin d'obtenir une pâte brisée. Étaler la pâte jusqu'à l'épaisseur d'un dos de couteau, la placer dans de petits moules graissés et faire cuire au four à 200 °C pendant environ 15 minutes.

     Battre les œufs dans un saladier et les saler. Ajouter du parmesan et les truffes finement hachées. Faire cuire le mélange dans une poêle graissée à feu doux en remuant et répartir les œufs brouillés dans les petits bols de pâte brisée.

Omelette à la Tegetthoff
(1,5 heures, 6-8 portions)

20 œufs
Sel
70 g de beurre

Farce :
80 g de beurre
70 g de farine
Eau de cuisson de légumes ou
   bouillon de poule
Sel

65 ml (40 g) de petits pois
120 g de haricots verts
½ chou-fleur (200 g)
1 poule
30 g de beurre
60 g de champignons de Paris
1 jaune d'œuf
60 ml de crème liquide ou de
   lait

Préparer d'abord la farce. Ensuite, faire cuire les œufs battus et
salés dans une poêle à omelette graissée. Recouvrir les omelettes
avec la farce et les refermer sur elles-même.

Farce
Faire un roux et le mouiller avec de l'eau de cuisson de légumes
ou du bouillon de poule et laisser bien mijoter le tout. Ajouter
dans cette sauce épaisse des petits pois cuits dans de l'eau salée,
des haricots verts cuits et coupés en dés, le chou-fleur détaillé en
petits bouquets, de la viande de poulet détachée des os, coupée
en morceaux et cuite, et des champignons cuits au beurre. Pour
terminer la farce, la lier avec le jaune d'œuf et de la crème liquide
ou du lait.

Brioches carrées à la sauce vanille

(3 heures, 6 portions)

25 g de levure fraîche
50 g de sucre
1 pincée de poivre
100 g de beurre
250 ml de lait
500 g de farine
3 jaunes d'œuf
Graisse pour le moule à gratin
2 cuillères à soupe d'huile

2 cuillères à soupe de sucre glace

Sauce à la vanille :
2 jaunes d'œuf
500 ml de lait
60 g de sucre vanillé
1 cuillère à soupe de poudre
    de pudding à la vanille.
Rhum

Bien mélanger la levure avec le sucre et une pincée de sel jusqu'à ce qu'elle soit liquide. Faire chauffer brièvement le beurre et ajouter le lait.

Tamiser la farine dans un saladier, ajouter le lait, la levure liquide et les jaunes d'œuf et pétrir le tout. Laisser reposer pendant 30 minutes, étaler la pâte sur une plaque farinée, découper des carrés de la taille de la paume d'une main, replier les extrémités et les serrer au milieu. Placer ces poches de pâte dans un moule à gratin bien graissé et laisser reposer encore 30 minutes. Les enduire d'huile et faire dorer au four préchauffé à 200 °C.

Démouler les brioches à chaud et saupoudrer de sucre glace.

Sauce à la vanille

Battre les jaunes d'œuf et le lait et mélanger avec le sucre vanillé et la poudre de pudding à la vanille. Faire épaissir le mélange au bain-marie tout en battant. Ajouter quelques gouttes de rhum.

Brioches carrées à la sauce vanille

Kouglof à la Katharina Schratt
(1 heure)

170 g de beurre
140 g de sucre glace
Zeste de citron râpé
4 œufs
40 g d'amandes émondées
    et effilées

40 g de raisins secs
200 g de fromage blanc
280 g de farine
1 paquet de levure chimique
Beurre et farine pour le moule

Battre en mousse le beurre, le sucre, le zeste de citron et le jaune d'œuf, incorporer les amandes et les raisins secs, puis ajouter le fromage blanc. Mélanger la farine tamisée avec la levure chimique et mélanger avec la pâte. Incorporer enfin délicatement les blancs d'œuf battus en neige.

Verser la pâte dans un moule à kouglof beurré et fariné et faire cuire au four pendant 45 à 50 minutes (d'abord à 180 °C, puis pendant les 20 dernières minutes à 120 °C).

Kouglof à la Kathar na Schratt

Pains au lait à la bohémienne
(2 heures)

25 g de levure fraîche
2 cuillères à café de sucre
400 g de farine
1 pincée de sel
2 œufs
250 ml de lait

1 paquet de sucre vanillé
300 ml d'huile
400 g de confiture ou de
    marmelade de prunes
400 g de fromage blanc
    (40 % M.G.)

Diluer la levure dans un peu d'eau et bien mélanger avec le sucre. Tamiser la farine dans un saladier avec une pincée de sel, ajouter la levure liquide, les œufs, le lait et le sucre vanillé, et travailler le tout pour former une pâte.

Laisser reposer 30 minutes, former des petites galettes rondes et laisser reposer encore 15 minutes sur le plan de travail fariné. Faire cuire les galettes dans une grande poêle pendant 4 minutes de chaque côté. Les égoutter rapidement, tartiner avec de la confiture ou marmelade de prunes et garnir avec le fromage blanc. Servir aussitôt.

Pains au lait à la bohémienne

Chaussons à la confiture de prunes
(1 heure et demie)

Pâte :
300 g de farine
1 œuf
un peu de sel
4 cuillères à soupe d'eau

Farce :
100 g de confiture de prunes

1 cuillère à soupe de rhum
un peu de cannelle
un peu de sucre
1 œuf
150 g de miettes de petits
    pains grillées
2 à 3 cuillères à soupe de
    sucre glace

Verser la farine à l'aide d'un tamis sur une planche à pâtisserie et travailler avec l'œuf, un peu de sel et l'eau afin d'obtenir une pâte ferme. Sur le plan de travail fariné, étaler au rouleau sur un demi-centimètre d'épaisseur et découper des galettes de la taille de la paume d'une main.

Farce

Relever la confiture de prunes avec du rhum, de la cannelle et du sucre et répartir uniformément sur les galettes. Battre l'œuf avec un peu d'eau et badigeonner le bord des galettes. Replier les galettes sur elles-même et bien fermer. Faire cuire les chaussons ainsi formés dans de l'eau salée frémissante pendant 6 minutes jusqu'à ce qu'elles remontent à la surface. Retirer ensuite à l'aide d'une écumoire, passer brièvement sous l'eau froide, les sécher et rouler dans des miettes de petits pains.

    Avant de servir, saupoudrer les chaussons à la confiture de prunes de sucre glace.

Chaussons à la confiture de prunes

Bûcher à la meringue
(2 heures, 6 portions)

10 petits pains rassis   Graisse pour le moule
500 ml de lait   50 g de beurre
3 œufs
100 g de sucre
750 g de pommes   Meringue :
50 g de raisins secs   2 blancs d'œuf
50 g d'amandes effilées   30 g de sucre

Couper les petits pains en tranches fines. Battre le lait avec les œufs et le sucre et faire tremper les tranches de petit pain dans la moitié du lait.

Éplucher les pommes, retirer les pépins, couper en tranches fines, puis mélanger avec les raisins secs et les amandes effilées. Disposer les tranches et les pommes dans un moule à gratin bien beurré en couches successives.

Répartir uniformément les noisettes de beurre sur la dernière couche de pain et verser le lait restant. Mettre le moule au four préchauffé à 200 °C pendant 30 minutes.

Meringue
Mélanger le blanc d'œuf avec le sucre et battre en neige. Badigeonner le gratin avec la meringue et remettre au four pendant 10 minutes. La meringue doit être légèrement dorée.

Bûcher à la meringue

Pudding à la crème fouettée
(2 heures)

100 g de beurre	Sauce au chocolat :
6 œufs	250 g de chocolat
100 g de sucre glace	200 g de sucre
100 g d'amandes	250 ml d'eau
100 g de chocolat	1 cuillère à café de rhum
Beurre et sucre	
pour le moule	125 ml de crème liquide

Battre le beurre en crème, mélanger d'abord avec les jaunes d'œuf, le sucre glace, les amandes râpées non émondées, le chocolat râpé, puis avec le blanc d'œuf battu en neige, verser le tout dans un moule à pudding et faire cuire au bain-marie pendant une heure (le mélange peut également être versé dans des petits moules à flan et cuit au bain-marie pendant une vingtaine de minutes en fonction de la taille des moules).

Laisser refroidir le pudding, le démouler, le recouvrir de sauce au chocolat (voir ci-dessous), le garnir d'une couronne de crème fouettée et servir aussitôt.

Sauce au chocolat
Faire cuire le chocolat, le sucre, l'eau et le rhum. Laisser réduire la sauce à feu doux pendant environ 8 minutes tout en remuant.

Pudding à la crème fouettée

Kaiserschmarren
(1 heure, 4 portions)

8 œufs
60 g de sucre
330 ml de lait
250 g de farine
Sel
100 g de beurre pour la poêle
80 g de raisins secs
Sucre glace pour saupoudrer

Compote de quetsches :
1 kg de quetsches dénoyautées
    (ou 1 250 g avec noyaux)
200 g de sucre
un peu d'eau
5 clous de girofle
2 bâtons de cannelle

Préparer une pâte liquide en mélangeant jaune d'œuf, sucre, lait, farine, sel et le blanc d'œuf battu en neige. La verser dans une poêle avec du beurre chaud et faire dorer d'un côté, puis de l'autre.

Découper en petits morceaux à l'aide d'une fourchette. Faire dorer ces morceaux rapidement et dresser le tout dans un plat, saupoudrer de sucre glace et servir aussitôt.

Compote de quetsches
Fendre les quetsches et les dénoyauter si elles ne le sont pas encore. Les saupoudrer de sucre et les faire cuire avec un peu d'eau jusqu'à ce qu'elles soient bien ramollies (la peau s'enroule alors sur elle-même). Vous pouvez, selon votre goût, ajouter à la cuisson les clous de girofle et bâtons de cannelle qui devront être retirés avant de servir.

Kaiserschmarren à la compote de quetsches

Boulettes aux fruits
(2 heures, 4 portions)

15 g de levure fraîche
40 g de sucre
Sel
250 g de farine
1 œuf
250 ml de lait

1 paquet de sucre vanillé
20 fraises ou abricots
200 g de beurre
150 g de sucre glace
400 g de faisselle râpée

Diluer la levure dans un peu d'eau et bien mélanger avec le sucre
et une pincée de sel. Tamiser la farine dans un saladier, ajouter la
levure liquide, les oeufs, le lait et le sucre vanillé, et travailler le
tout pour former une pâte. Saupoudrer la pâte de farine et laisser reposer pendant 45 minutes.

Étaler la pâte au rouleau en un rectangle de faible épaisseur et
découper en 20 carrés. Laver les fruits, les répartir sur la pâte et
la renfermer autour des fruits avec les mains mouillées. Laisser
reposer les boulettes encore 5 à 10 minutes sur le plan de travail.

Faire bouillir 3 litres d'eau salée et y faire cuire les boulettes
de fruits en quatre fois pendant 8 à 10 minutes à feu moyen.
Retirer les boulettes cuites, les piquer à la fourchette à plusieurs
endroits et garder au chaud jusqu'à ce que toutes les boulettes
soient cuites.

Faire fondre du beurre, dresser les boulettes, les saupoudrer à
table de sucre glace et de faisselle et les arroser de beurre fondu.

Boulettes aux fruits

Crêpes à l'autrichienne (Palatschinken)
(1 heure, 4 portions)

220 g de farine
500 ml de lait
1 jaune d'œuf
2 œufs
Sel

60 g de sucre
80 g de beurre ou d'huile
150 g de confiture aux abricots
        (ou autre)
Sucre glace

Travailler la farine avec le lait, puis ajouter le jaune d'œuf, les
œufs, le sel et le sucre pour obtenir une pâte lisse et liquide. Dans
une poêle à omelette, faire chauffer un peu de graisse, verser juste
assez de pâte pour couvrir le fond de la poêle (répartir la pâte
uniformément en tournant la poêle). Faire dorer les crêpes à feu
moyen des deux côtés. Procéder de la même façon pour la pâte
restante. (Si les crêpes ne sont pas servies aussitôt, il est recom-
mandé de les garder au chaud au four).

Enduire les crêpes avec de la confiture, les rouler, les dresser
dans un plat, saupoudrer de sucre glace et servir aussitôt.

Strudel aux pommes
(1,5 heures, 6-8 portions)

Pâte pour le strudel :
280 g de farine
200 g de beurre
80 g de sucre
Sel
2 jaunes d'œuf
2 cuillères à soupe de lait
2 cuillères à soupe de vin blanc

Farce :
¾ kg de pommes
40 g de beurre
60 g de miettes de petits pains
100 g de sucre
Cannelle moulue
60 g d'amandes concassées
60 g de raisins secs
Jus de citron
1 blanc d'œuf
Sucre glace

Mélanger avec les doigts la farine et le beurre, puis travailler rapidement le sucre, le sel, les jaunes d'œufs, le lait et le vin. Laisser reposer la pâte ainsi obtenue dans un endroit frais, puis l'étaler finement au rouleau en forme de rectangle, couvrir le milieu des pommes épluchées et coupées en lamelles, des miettes de petits pains dorées au beurre, du sucre, de la cannelle, des amandes, des raisins secs et ajouter éventuellement quelques gouttes de jus de citron. Replier les côtés par-dessus la farce en les collant avec du blanc d'œuf. S'il reste de la pâte, couper des lanières et décorer le strudel en les croisant. Badigeonner le strudel de blanc d'œuf et enfourner pendant 30 à 45 minutes à 200 °C.

Laisser refroidir, saupoudrer de sucre glace et servir aussitôt.

Gnocchi à la salzbourgeoise

($^3/_4$ heures, 4 portions)

40 g de beurre
60 g de sucre
6 jaunes d'œuf
Sucre vanillé
Zeste de citron râpé

40 g de farine
10 blancs d'œuf
125 ml de lait ou de crème
    liquide
40 g de sucre glace

Mélanger le beurre, le sucre, les jaunes d'œuf, le sucre vanillé, le zeste de citron et la farine afin d'obtenir une pâte très onctueuse et y incorporer le blanc d'œuf battu en neige très ferme. Verser dans un moule à gratin ovale beurré, former quatre grands gnocchi en forme de pyramide et faire dorer au four chaud pendant 5 minutes. Ajouter le lait chaud mélangé au sucre vanillé en le versant entre les gnocchi, faire cuire encore 3 minutes. Saupoudrer les gnocchi à la salzbourgeoise de sucre glace et servir aussitôt.

Tarte Sacher
(3 heures et demie)

Corps :
140 g de beurre
160 g de sucre
180 g de chocolat
8 jaunes d'œuf
10 blancs d'œuf battus en neige
120 g de farine
Beurre et farine pour le moule

Farce :
50 g de confiture aux abricots

Glaçage :
200 g de sucre
200 g de chocolat

Crème fouettée

Battre les œufs en mousse et incorporer le sucre, le chocolat
chauffé, ajouter un par un les jaunes d'œuf, puis les blancs d'œuf
battus en neige et la farine tamisée. Beurrer le moule, le fariner,
verser la pâte et faire cuire lentement au four à 120 °C pendant
une heure et demie. Renverser la tarte dans son moule sur un
tamis et laisser refroidir pendant 15 minutes. La sortir du moule
et la découper horizontalement à l'aide d'un couteau tranchant
(afin d'obtenir deux fonds de tarte). Enduire les deux fonds de
confiture à l'abricot et les remettre ensemble. Puis, enduire la
tarte du glaçage au chocolat.

Glaçage au chocolat :
Faire cuire le sucre dans 200 ml d'eau au filet et ajouter le chocolat jusqu'à obtenir une masse lisse. La faire rebouillir, la passer,
la faire bouillir de nouveau puis la remuer le long du bord de la
casserole avec une cuillère en bois jusqu'à ce qu'elle soit suffisamment épaisse.

Servir la tarte accompagnée de crème fouettée.

Tarte aux marrons à la Radetzky
(3 heures)

280 g de marrons crus	Farce :
(ou 160 de marrons passés)	3 feuilles de gélatine
120 g de beurre	375 ml de crème liquide
8 jaunes d'œuf	150 de marrons passés
10 g de café moulu	80 g de sucre
160 g de sucre	1 cuillère à soupe de rhum
8 blancs d'œuf	
Beurre et farine pour le moule	Pralinés aux marrons
	Copeaux de chocolat

Laver les marrons crus, les entailler sur le côté arrondi, les placer sur une plaque mouillée et faire cuire au four pendant 10 minutes jusqu'à ce qu'ils éclatent. Les éplucher, les mettre dans de l'eau bouillante et faire cuire pendant 25 à 30 minutes, puis les passer à chaud.

Incorporer les jaunes d'œuf, le café finement moulu et le sucre dans le beurre battu en mousse et mélanger avec les marrons passés et les blancs d'œuf battu en neige. Verser le mélange dans un moule à tarte beurré et fariné et faire cuire doucement au four entre 100 et 120°C pendant 40 minutes.

Faire détremper la gélatine dans de l'eau froide, bien l'égoutter et la dissoudre à feu doux. Fouetter la crème liquide et y incorporer délicatement les marrons, le sucre, le rhum et la gélatine.

Démouler la tarte refroidie, la découper horizontalement afin d'obtenir deux fonds de tarte, enduire le fond inférieur de la moitié de la farce aux marrons et remettre en place le fond supérieur. Enduire ensuite le dessus et les côtés de la tarte avec la farce restante, garnir avec des moitiés de pralinés aux marrons et des copeaux de chocolat et mettre au frais pendant une heure.

Tarte aux marrons à la Radetzky

Qu'est-ce qu'on entend par... ?

bain-marie :   cuisson indirecte d'un aliment délicat dans un récipient lui-même posé dans un autre (casserole) rempli d'eau et maintenu à une température proche de l'ébullition.

blanchir :   cuire quelques minutes dans une grande quantité d'eau salée (départ eau froide) jusqu'à une température avoisinant l'ébullition.

blondir :   faire colorer très légèrement un aliment jusqu'à obtention d'une couleur blonde (farine, oignons).

dégraisser :   éliminer, à l'aide d'une petite louche, la graisse qui se forme à la surface d'un fond, d'une sauce, etc.

émincer :   couper la viande ou les légumes en tranches très minces.

cuire au filet :   degré de cuisson du sucre que le sucre blanc atteint à une température de 110 °C. Pour tester si le sirop est au filet, en prendre un peu entre le pouce et l'index préalablement plongés dans de l'eau froide. En les écartant, un filet doit se former et s'allonger de 2 à 3 cm.

larder :   enfoncer à l'aide d'une pique ou d'une lardoire de longues bandes minces de lard dans un morceau de viande.

miettes de petits pains :   en l'absence de petits pains (notamment de Semmel autrichiens) on peut utiliser de la chapelure ou des biscottes râpées.

mirepoix :   préparation de légumes et d'aromates pour cor-
ser le jus et les sauces. Pour la cuisine autrichienne convient un mélange de carottes oranges
et jaunes, de céleri, de persil et de poireau.

mouiller :   ajouter un liquide (fond, vin, eau, lait) à une
préparation afin de permettre sa cuisson.

réserver :   mettre de côté (hors du feu) un ou plusieurs
aliments pendant le déroulement de la suite de
la recette en vue de son incorporation ulté-
rieure.

roux :   préparation à base de farine qui a cuit doucement dans du beurre ou de la graisse jusqu'à
prendre une coloration plus ou moins foncée.

saignant :   une viande saignante est une viande cuite d'où
s'évade le suc musculaire.

saisir :   exposer quelques minutes certaines préparation
à feu vif ou à four vif pour cuire ou commen-
cer la cuisson.

suer :   faire chauffer tout en remuant un aliment dans
un corps gras afin de concentrer les sucs dans la
matière grasse.

AUERSPERG : Famille noble autrichienne dont sont issus de nombreux hommes d'État importants.

ESZTERHÁZY : Nom d'une vieille famille de magnats hongrois loyale envers l'empereur.

HABSBOURGEOIS : Lignage de souverains très étendu en Europe dont sont issus de nombreux rois et empereurs. François II fonda l'empire d'Autriche en 1804, laquelle devint l'Empire d'Autriche-Hongrie en 1867-1868 sous l'empereur François Joseph Ier et qui exista jusqu'en 1918.

TANTE JOLESCH : Personnage d'un recueil d'anecdotes *Die Tante Jolesch* de l'écrivain autrichien Friedrich Torberg, célèbre pour ses nombreux bons mots.

KLEMENS WENZEL PRINCE VON METTERNICH : Homme politique autrichien défenseur du principe monarchique qui combattait les mouvements politiques nationaux et libéraux, par exemple en entravant fortement la liberté de la presse.

JOSEPH COMPTE RADETZKY VON RADETZ : Le plus important maréchal de l'armée autrichienne dans la première moitié du XIXe siècle. Il inspira Johann Strauss Père pour sa Marche de Radetzky.

KATHARINA SCHRATT (1853-1940) : Actrice autrichienne, entre autre au Burgtheater de Vienne. Avec le consentement de l'impératrice Élisabeth, elle entretint une relation amoureuse avec l'empereur François-Joseph Ier.

SZEGED : Ville située dans la partie méridionale de la grande plaine de Hongrie. Pendant la révolution de 1848-1849, Szeged devint temporairement capitale de la Hongrie.

WILHELM VON TEGETTHOFF (1827-1871) : Amiral de la marine austro-hongroise. Sa victoire lors de la bataille navale de Lissa en 1866 contre la flotte italienne fit de lui un héros.